Inhalt

Entry Standard - ein neues Börsensegment für den Mittelstand

Kernthesen

Beitrag

Fallbeispiele

Weiterführende Literatur

Impressum

Entry Standard - ein neues Börsensegment für den Mittelstand

T.Trares

Kernthesen

- Die Deutsche Börse hat das Segment "Entry Standard" ins Leben gerufen, um den Mittelstand an die Börse zu locken.
- Die Vorteile des neuen Segments liegen in einem relativ unkomplizierten und kostengünstigen Zugang zu Eigenkapital. Dies soll gerade dem Mittelstand neue Finanzierungsquellen erschließen. Größter Nachteil ist der relativ geringe Anlegerschutz.
- Der Entry Standard richtet sich wegen der niedrigen Transparenzanforderungen vor

allem an Börsenprofis.

Beitrag

Am 25. Oktober 2005 hat die Deutsche Börse ein neues Segment gestartet, den "Entry Standard". Besonders attraktiv ist er für junge und etablierte mittelständische Unternehmen; Private-Equity-Investoren können ihn als Exit-Kanal nutzen. (1), (9)

Schneller Zugang zur Börse, aber geringe Transparenz und Haftung

Der Entry Standard basiert auf dem privatrechtlich organisierten, nichtamtlichen und weitgehend unregulierten Freiverkehr. Am 10. Oktober 2005 wurde dieser in "Open Market" umbenannt. Der Entry Standard hat geringere formelle Pflichten als der General oder Prime Standard. Dies soll kleineren Unternehmen den schnellen, unkomplizierten und kostengünstigen Zugang zur Börse ermöglichen. (3), (9)

Die regulatorischen Anforderungen für börsennotierte Unternehmen (IFRS-Rechnungslegung, Zwischenberichterstattung, Ad-hoc-Publizitätsverpflichtung) sind für den Entry Standard weit gehend außer Kraft gesetzt. Eine Notierung in diesem Segment erfordert daher auch keine Börsenzulassung. Es erfolgt vielmehr eine Einbeziehung der Aktien zum Börsenhandel. Grundsätzlich ist nur bei einem öffentlichen Angebot, ist auch ein Prospekt zu erstellen. Eine Notierungsaufnahme ohne öffentliches Angebot ist beispielsweise im Rahmen eines so genannten Private Placement möglich. In diesem Fall genügt ein kurzes Exposé. Bei der Rechungslegung sind weiterhin die Vorschriften des Handelsgesetzbuches (HGB) ausreichend. Aufgrund der geringen Transparenzanforderungen ist allerdings noch offen, ob sich der Entry Standard zu einem seriösen Börsensegment oder zu einem Ort für Glücksritter entwickeln wird. Beobachter befürchten auch, dass Private-Equity-Gesellschaften das Segment als eine Abladestation für ihre Beteiligungen nutzen könnten. (2), (7)

Emissionsbanken für Anlegerschutz verantwortlich

Die Deutsche Börse richtet sich mit dem Entry Standard vor allem an "qualifizierte Investoren". Diese sind eher als Privatanleger in der Lage, Risiken einzuschätzen und zu tragen. Besonders für Kleinanleger ist problematisch, dass aufgrund der geringen Transparenzanforderungen weniger Informationen für die Investmententscheidung zur Verfügung stehen. Denn mit einer geringeren Transparenz ist ein höheres Risiko verbunden. Deswegen kommt den Banken eine besondere Schutzfunktion zu. Sie müssen ihre Beratungspflicht erfüllen und die Anleger auf die Risiken hinweisen. Die Deutsche Börse hat die Finanzinstitute deswegen mehr in die Pflicht genommen als sonst üblich. Die begleitende Bank muss dafür sorgen, dass die Anforderungen an die Transparenz eingehalten werden. Bei Verstößen, beispielsweise wenn ein Unternehmen seine Halbjahreszahlen nicht rechtzeitig vorlegt, droht ihr eine Vertragsstrafe von 10 000 EUR. (3), (8)

Zugangsvoraussetzungen in der Übersicht

Die Zugangsvoraussetzungen für den Entry Standard sind:
- Veröffentlichung eines testierten Konzern-Jahresabschlusses spätestens sechs Monate nach Beendigung des Berichtszeitraums. Keine internationale Rechnungslegung verlangt

- Veröffentlichung eines Zwischenberichts spätestens drei Monate nach dem ersten Halbjahr. Keine Quartalsberichte
- Veröffentlichung eines aktuellen Kurzporträts und eines Finanzkalenders auf der Internetseite des Unternehmens
- Veröffentlichung von kursbeeinflussenden Tatsachen auf der Internetseite des Unternehmens. Keine Ad-hoc-Pflicht nach dem Wertpapiergesetz (3)

Fallbeispiele

Der Entry Standard hat zu dem Zeitpunkt seiner Einführung Ende Oktober elf bereits im Freiverkehr notierte Unternehmen aufgenommen. Dies waren im Einzelnen die Axxon Wertpapierhandelsbank, EOP Biodiesel, Frimag, Ifa Systems, KST Beteiligungs AG, Nanostart, Regenbogen, Tecon Technologies, Unylon sowie die Titel der schweizerischen Unternehmen Amitelo und IQ Power. Hinzu kam der erste Börsengang in dem Segment, den die Design Bau AG bestritt. Die Aktie des Baudienstleisters lag mit einer Erstnotiz von 20,52 EUR knapp über dem Ausgabepreis von 20 EUR. (14)

Die Aktien des Telefonminuten-Händlers Eutex (European Telco Exchange) haben sich bei ihrer Börsenpremiere über dem Ausgabepreis gehalten. Die Titel stiegen an ihrem ersten Handelstag in der Spitze bis auf 10,55 EUR und lagen damit mehr als 3 Prozent über dem Zuteilungspreis von 10,20 EUR. Mit einem Emissionserlös von acht Millionen EUR zählt Eutex zu den kleinsten Börsengängen im Jahr 2005. Über eine Kapitalerhöhung fließen dem Unternehmen gut sechs Millionen EUR zu. Das Geld soll in die Expansion nach Asien, Osteuropa und in den Mittleren Osten investiert werden (5)

Die Aktien des Schweizer Biodiesel-Hersteller Biopetrol Industries AG gewannen am ersten Handelstag zunächst neun Prozent gegenüber dem Ausgabepreis von 8,20 EUR. Am Ende des Tages notierte das Papier mit 8,20 EUR wieder exakt auf dem Emissionspreis. Der via Privatplatzierung hereingeholte Emissionserlös beläuft sich auf 73,8 Millionen EUR, wovon 57,4 Millionen EUR dem Unternehmen zufließen. Damit hat sich Biopetrol mit einer Marktkapitalisierung von gut 300 Millionen EUR zum schwersten Wert im Entry Standard emporgeschwungen. (6)

Ein erfolgreiches Börsendebut hat die auf Finanzvertriebe spezialisierte Aragon hingelegt. Die Aktie verzeichnete gegenüber dem Zuteilungspreis von 8,50 EUR im Parketthandel ein Plus von 22 Prozent auf 10,40 EUR. Der Börsengang umfasst 11,5 Prozent des Eigenkapitals. Die Mittel stammen aus einer Kapitalerhöhung bei institutionellen Investoren und Geschäftspartnern. Dabei wurden Finanzkreisen zufolge 8,50 EUR je Aktie erzielt, wodurch Aragon auf einen Börsenwert von 48 Millionen EUR käme. (10), (15)

Mit deutlichen Kursgewinnen ist die Nano-Focus AG in den Entry Standard gegangen. Die Aktien kletterten im frühen Handel um mehr als 50 Prozent bis auf 19,95 EUR. Der Ausgabepreis lag bei 11,00 EUR. Die Papiere entstammen einer 3,5 Millionen EUR schweren Kapitalerhöhung, die im Rahmen einer Privatplatzierung im Vorfeld des Börsenganges abgeschlossen wurde. Mit den Erlösen des Börsengangs soll das weitere Wachstum des Nanotechnologie-Unternehmens finanziert werden. (11)

Die Convisual AG aus Oberhausen plant das IPO die Notierungsaufnahme im Entry Standard im Rahmen einer Privatplatzierung. Die Transaktion begleitet Equinet als Bookrunner. Convisual bezeichnet sich als Anbieter für multimediale Messaging- und mobile Entertainment-Dienste für Medien- und Mobilfunk. (12)

Die Münchener Beteiligungsgesellschaft Bavaria Industriekapital plant ihr IPO im Entry Standard des Open Market. Begleitet wird die Transaktion von der Concord Effekten. Das Listing soll bis Anfang 2006 erfolgten. Die Bavaria wird als "klassisches IPO" inklusive Kapitalerhöhung platziert. (13)

Weiterführende Literatur

(1) "Entry" geht an den Start Börsen-Manager rechnet mit knapp 20 Um- und Neuanmeldungen
aus Frankfurter Rundschau v. 25.10.2005, S.13, Ausgabe: S Stadt

(2) Entry Standard stößt auf Skepsis Experten kritisieren neues Börsensegment · Emissionshäuser sollen schwarze Schafe stoppen
aus Financial Times Deutschland vom 24.10.2005, Seite 23

(3) Wachstumssegment startet ohne Glamour
aus Frankfurter Allgemeine Zeitung, 25.10.2005, Nr. 248, S. 25

(4) Entry Standard startet mit Design Bau Index für Wachstumsunternehmen richtet sich vor allem an Börsenprofis
aus DIE WELT, 26.10.2005, Nr. 250, S. 17

(5) Eutex über Ausgabepreis

aus Frankfurter Allgemeine Zeitung, 02.12.2005, Nr. 281, S. 27

(6) Biopetrol im Börsen-Biotop IPO des Biodiesel-Herstellers im Entry Standard geglückt - 300 Mill. Euro schwer
aus Börsen-Zeitung, 22.11.2005, Nummer 225, Seite 10

(7) Going Public stellt hohe Ansprüche an das Rechnungswesen Erhebliche Investitionen in Systeme und Personal nötig - Für kleinere Unternehmen bietet sich eine Börsennotierung im Freiverkehr als Alternative an
aus Börsen-Zeitung, 19.11.2005, Nummer 224, Seite B2

(8) Mittelstandsfinanzierung macht Fortschritte Eigenkapitalforum von KfW und Börse in Frankfurt lockt 3 000 Teilnehmer - Reich: Weichen sind gestellt
aus Börsen-Zeitung, 22.11.2005, Nummer 225, Seite 5

(9) Maßgeschneiderte Wege an die Börse Neuer Entry Standard eignet sich als Einstiegssegment für junge Unternehmen und etablierte Mittelständler - Geringe formale Pflichten
aus Börsen-Zeitung, 19.11.2005, Nummer 224, Seite B3

(10) Maklerpool-Eigner soll an die Börse
aus Börsen-Zeitung, 19.11.2005, Nummer 224, Seite 6

(11) Nano-Focus mit starkem Debüt
aus Frankfurter Allgemeine Zeitung, 15.11.2005, Nr. 266, S. 21

(12) Convisual strebt in den Entry Standard
aus Börsen-Zeitung, 11.11.2005, Nummer 218, Seite 10

(13) Bavaria strebt in den Entry Standard
aus Börsen-Zeitung, 02.11.2005, Nummer 211, Seite 13

(14) Entry Standard beginnt mit elf Aktien
aus Frankfurter Allgemeine Zeitung, 26.10.2005, Nr. 249, S. 23

(15) Welle der Börsendebüts rollt weiter Aragon startet im Entry Standard, VIB auf M:access - Eutex-IPO am Donnerstag
aus Börsen-Zeitung, 29.11.2005, Nummer 230, Seite 17

Impressum

Entry Standard - ein neues Börsensegment für den Mittelstand

Bibliografische Information der deutschen Nationalbibliothek

Die Deutsche Nationalbibliothek verzeichnet diese Publikation in der deutschen Nationalbibliografie; detaillierte bibliografische Daten sind im Internet über http://dnb.d-nb.de abrufbar.

ISBN: 978-3-7379-0566-4

© 2015 GBI-Genios Deutsche Wirtschaftsdatenbank GmbH, Freischützstraße 96, 81927 München, www.genios.de

Alle Rechte vorbehalten. Dieses Werk ist einschließlich aller seiner Teile – z.B. Texte, Tabellen und Grafiken - urheberrechtlich geschützt. Jede Verwertung außerhalb der Grenzen des Urheberrechtsgesetzes bedarf der vorherigen Zustimmung des Verlags. Dies gilt insbesondere auch für auszugsweise Nachdrucke, fotomechanische

Vervielfältigungen (Fotokopie/Mikroskopie), Übersetzungen, Auswertungen durch Datenbanken oder ähnliche Einrichtungen und die Einspeicherung und Verarbeitung in elektronischen Systemen.